AF143897

Édition : BoD – Books on Demand, 12/14 rond-point des Champs-
Élysées, 75008 Paris
Impression : BoD - Books on Demand, Norderstedt, Allemagne
ISBN : 9782322200559
Dépôt légal : Mars 2022

Veillées de guerres

Damien SIOBUD

Veillées de guerres

Préambule

Tout le monde est contre la guerre, MAIS TOUT LE MONDE LA FAIT !

Et si nous étions responsables des malheurs que nous pleurons… À quoi servent ces pleurs ? Ce serait la colère ou un mea culpa contre nous qu'il faut, qui arrêterait cette guerre (?) Il faudrait au moins avoir essayé et ce n'est pas notre cas. Nous n'avons pas le droit de pleurer devant nos crimes.

Je ne vous agresse pas, ce n'est pas contre vous, ou, au moins, aussi contre moi : nous sommes nés vendeurs d'armes, ces ventes financent nos écoles, nos églises… (!) Pleurer soulage, nous ne méritons pas ce privilège.

Encore nos crimes se perpétuent, dès l'école pour former des stratèges, à cent mètres, deux cents mètres et cinq cents mètres de chez moi. Le Prytanée, ils appellent ça. J'en vis, ma ville en vit et je ne peux lutter contre ça.

Encore nos crimes se perpétuent par les barrages EDF qui inondent l'Amazonie.

Nos banques polluent avec leurs économies, l'économie tourne #économie mais l'un n'empêche pas l'autre. Ce que je mange, un agriculteur pour le produire quelque part en meurt…

Nous avons droit au luxe des belles voitures, des yachts, des stations de ski… MAIS LE LUXE DE PLEURER, je vous en prie, RAVALEZ-LE.

Nous n'avons pas le droit de pleurer, ou alors sur notre sort.

« Alors que je n'arrivais pas à dormir à cause du bruit de l'eau tombant goutte à goutte dans un seau, j'ai commencé à réfléchir au problème. »

Faut-il pleurer doucement, comme un enfant ou garder nos larmes jusqu'à exploser contre les siens ? Mes larmes, je les retiens.

Ce livre se lit comme des nouvelles toutes écrites en temps de guerre.

I – Il faudrait des riches et des pauvres ?!

On me dirait qu'il faut des petits cons et des gros crétins, ce serait déjà nous prendre pour des crétins (tout court) qui ne vont pas à l'école. Moi, je dirais plutôt : « il faudrait des gens intelligents… »

On observe, progressivement, des de plus en plus riches et des de plus en plus pauvres… avec une inflation à 6 % en 2022 (?)… Les 90 euros par mois pour les adultes handicapés du premier quinquennat qui ont relancé l'économie sont partis pour, au moins, nous forcer à l'emprunt en fin 2023, parce qu'on n'aura plus le choix.

100 % - 6 % = 94 %   de   pouvoir   d'achat d'année en année.

902 x 0,94 x 0,94 = 797 euros,   nous   perdons 105 euros de pouvoir d'achat en deux ans avec une inflation de 6 % !!

Tous malades, tous à crédit !!

Pour quelqu'un qui se place au centre, c'est l'extrême centre avec DES PLUS RICHES ET DES PLUS PAUVRES, tous plus malades, le but à atteindre par E. Macron, pour enrichir les banques ? Des plus riches pour pouvoir obliger les plus pauvres à se surendetter et à travailler jusqu'à leur mort. À coups de nombreuses ruses et mensonges, il est capable de fausser les sondages. Zemmour, dans le genre démago, a utilisé les médias (sans avoir atteint 200 signatures à la fin février 2022) après leur avoir tiré dessus, CE N'EST PAS MIEUX ! Combien d'emplois précaires avec pour support les stats du COVID dans les hôpitaux ? Pour quoi faire sinon vérifier qu'on est matés ? Diviser pour mieux régner, faire en sorte de mieux diviser pour mieux régner et entretenir les paranoïas.

Monsieur Macron aurait dû garder Nicolas Hulot, plus « croyant » que lui en un avenir qu'en son *ego*, et prioritairement le soutenir.

Alors, fini les promesses de polichinelles.

En 202?, nous serons tous handicapés à travailler sans avoir le droit de démissionner, et nous aurons « droit » au crédit… que paieront parents et enfants.

J'avais voté Jadot au premier tour il y a cinq ans, j'ai voté blanc au deuxième tour, je n'ai pas supporté le débat. Je ne sais si ce dernier est tout blanc ou tout vert, mais si je voulais voter PS, je crois qu'il y a eu une affaire avec Taubira. Après… elle a peut-être pris plus de risques aussi. En tout cas, moi, cela m'irait bien de remettre les panneaux 80 km/h du début de quinquennat sur les routes, qui ne peuvent pas ne pas servir avec les panneaux 110 km/h (ça a coûté une fortune le panneau et en cinq ans, on avait le temps de faire des voitures automatiques six vitesses, pour avoir des voitures adaptées aux 80 km/h, ou électriques… plutôt de que polémiquer (!) – Hein, Zemmour… !)

Jadot (que je ne connais pas) serait une meilleure continuité que l'extrême centre. La force de l'opposition… Je crois avoir dit que « tout part du handicap », la vraie citation, peut-être de Mendès-France (?), est moins généralisée : « beaucoup d'évolutions sont dues au handicap », ou quelque chose comme ça et Macron s'en est bien inspiré, sans avoir tort, mais si l'extrême (centre) passe (ou repasse), les handicapés vont finir boucs émissaires. Déjà, « les plus fragiles » ont été l'alibi du vaccin, c'est bien, le virus est maintenant moins fort, il a son adversaire, mais il faut changer un peu de béquille d'appui, la jambe gauche a envie de travailler. Et je place Jadot dans les centre gauche, si c'est comme Pierre Rabhi, avec, j'espère, des stratégies d'écologie comme d'économie pas à l'économie, maintenant que les banques ont de l'argent. Pour moi, cela fait ce qu'il faut : deux pouvoirs du centre qui s'opposent, le vrai centre étant à l'écologie, pas à la dictature (économique). Nos enfants et petits-enfants, etc. nous en voudraient et adieu le soutien aux « vieux ».

PS : On s'est mangé une bonne soupe de légumes qu'on nous avait donnés et qu'on a congelés. Pas de sel, pas de conservateurs, c'est plein de fibres, ça se voit à la décongélation… et c'est très bon (partant d'une bouteille d'eau gazeuse vide qu'il faut congeler non bouchée). Au moins en cas de soucis, tu la découpes au cutter, mais il faut la mettre près du radiateur la veille, bain d'huile (entre le bain d'huile et la chambre d'amis, qui est à un thermostat inférieur, pour faire SAS) (radiateur à cinquante centimètres de la porte en bois pour faire écran au froid).

Je sais que ce que je vous dis là en un long post-scriptum vous fait rire et QUE C'EST BIEN PARCE QUE VOUS N'ÊTES JAMAIS PASSÉ À LA PRATIQUE ! Commencez par les éplucher, vos quatre kilos de légumes, vous verrez la suite (décongélation en pratique) PLUS TARD !

Le radiateur bain d'huile, si tu en mets un par pièce, avec son thermostat, si tu fermes tes portes, il lisse alors les températures pour ton confort et ton **économie**.

Il faut juste éduquer le chat à accepter les portes entrebâillées, car c'est lui qui veille sur la maison (son et lumière, température (incendie))…

Amitiés,

II - Bienvenue dans
« l'extrême centre » (!)

Tout ceci est une fiction, une nouvelle :

« —Merci Damien, je vais bien. Parles-tu de l'idée exprimée par Alphonse de Rothschild ? Ou…

— Je ne connais pas Alphonse de Rothschild. Je viens d'avoir un appel d'un 03… (je suis 02…) (au tel fixe français, alors que je te lisais, juste une déconnexion (ou connexion)) et en numérique, il n'y a pas de hasard. Je trouve en tout cas malsain de non seulement avoir des esclaves, mais d'en plus les rendre malades… En tout cas, ceux qui ont des "idées", qu'ils se les appliquent à eux… déjà qu'ils ont l'argent, ils ne nous tirent pas vers le haut, mais nous étalent vers le bas. Nous font souffrir et collent les mauvaises étiquettes, noires, que je leur retourne, nous retirent notre travail, comme de la société : qu'ils sortent courir et appliquent leurs théories à leurs chiens. Mais les chiens ne font pas des chats.

Bon Dieu, on avait dit plus jamais ça ! Ils ne vont pas recommencer avec leurs cycles ! Comme je l'ai dit à mon père (le concernant), s'ils veulent une "bonne vieille guerre", qu'ils partent les premiers !

Le souci serait fait d'une idée, et comme disait avec humour Brassens, mourir pour des idées, d'accord, mais de mort (plus que) lente… Donc, j'aimerais qu'on m'enlève ce roman dramatique de la tête !

Bienvenue dans l'extrême centre (!)

Celui qui a dit qu'il « faut des riches et des pauvres » avec 38 millions de ménages qui doivent toucher cent euros de prime inflation, 2,3 millions de foyers concernés par la prime de Noël, ne peut être considéré comme le président des Français. Vous l'avez entendu et lu comme moi en moins de cinq ans de mandat.

Dire qu'il « faut des riches et des pauvres » et renommer la prime de Noël en prime exceptionnelle serait sujet à inquiétude… mais il « ne laissera personne au bord de la route », les placerait plutôt à contresens de l'autoroute…

La prime de Noël sera versée à partir du 15 décembre | caf.fr

Quand l'inflation aura rendu possible de monter AAH et ressources minimum à 1000 euros, c'est sûr (!), CELA FERA DES CHÔMEURS À L'ABRI et personne n'est à l'abri du handicap, d'entrée. Pour ceux qui ne l'acceptent pas, mon nom, c'est « Damien la malédiction » ! Je ne veux pas d'une retraite prétendument à mille euros par mois qui en fait en vaut sept cents. À sept cents euros par mois, la moitié de la France vit sous le seuil de pauvreté.

Le handicap a toujours fait le jeu des politiques, ils créent du handicap à souhait ! Donc personne n'est à l'abri, car NOUS SOMMES TOUS DE POTENTIELS MALADES, malformés. (Lisez le livret *Matin brun* de Franck Pavloff), « il » choisira le vocabulaire, il choisira les CRITÈRES.

Ne vous réjouissez pas trop vite, À QUI IL DONNE CENT EUROS, il en retire peu après CENT CINQUANT EUROS avant l'heure. Cent cinquante euros par mois ! Ça réveille !!

Celui-là ne peut être considéré comme « au centre », mais un extrême de la finance et nous dévalons la pente pour arriver tout droit dans la rivière, puis la mer et ses abysses. La planète n'a qu'un centre, vous devinez lequel, vous l'avez vu sur vos écrans, souvent.

De même, on ne doit prendre un gamin et sa conjointe SEULEMENT comme une fatalité, ce n'est vraiment pas une fatalité pour ses soixante-huit millions de victimes. (Tirez plutôt au hasard vos chefs de l'État.) Ils sont à DÉBOUTER. On vit et vivra dans un monde ultra endetté. Les ressources en chiffres non plus ne sont pas illimitées, pour une planète… souhaitez-vous la quitter comme cela, tout nu ! Souhaitez-vous être les esclaves de l'espace, « les chômeurs de l'espace » ?! Sommes-nous de ceux qui seront suspendus en apesanteur à cent mille kilomètres de fil de l'ordre du micron en fibre de carbone (nanotube) au-dessus de nos têtes ?! Ça n'amuse pas vos enfants, qui préféreront vite notre basse Terre !!! Évitons ces chutes !

PS : Les riches à qui il donne les plus gros avantages, je n'ose le dévoiler… sont l'outil de « Robin des bois », à vous de CHOISIR. Demandez à madame Dion qu'elle vous chante sa chanson… $1^2 \times 1^2 \times 1^2 \ldots = 0$.

Pour l'instant, il leur prend 15 %, après, il leur prendra 115 %, c'est mathématique, mais tout a des limites et pour commencer LA LANGUE DE BOIS, LES CHIFFRES ROMAINS, DE PIERRES !

L'avenir du pôle emploi : une MDPH !

Pour que cette fiction ne devienne pas une réalité : déboutez ! »

Interlude

DÉSOLÉ, j'ai « pété un câble » ! Je laisse, qu'on ne croie pas que la vie d'adulte handicapé est facile…

« … En fait, on ne sait trop si c'est un érysipèle, Christiane au total aura pris dix jours d'antibiotiques, quelques semaines entre deux, puis un autre antibiotique plus fort pendant dix plus huit jours. Rien n'y fait, ça fait deux mois et demi ! On n'a plus le droit de comparer les avis de médecins… et faut-il encore en trouver.

On est obligés de donner les consignes au nôtre, perdant confiance, pour vérifier ses diagnostics.

C'est usant et inquiétant, je crains l'effet secondaire des vaccins et le côté rouge brun de la jambe me fait parfois croire à un début de gangrène (on est trois ou quatre que ça inquiète).

Demain, on profite de la vie CHEZ NOUS, car Christiane ne peut enfiler de chaussure. Elle ne va pas se promener dans le champ en chaussons, c'est gentil, mais ça ne rimerait à rien, à part faire semblant d'aller bien. Ce n'est même pas la peine de le lui proposer. Déjà, elle est allée au tribunal (la visite quinquennale pour sa protection judiciaire) aujourd'hui en chaussons, comme toujours, parce qu'il faut justifier les 7 % d'augmentation de ces notables (qui s'amusent au jeu de l'oie (loi)).

Si quand on va aux urgences, je pouvais être présent, mais on ne peut l'accompagner (pas plus chez la juriste, je suis PACSÉ POUR RIEN). Christiane, elle, n'a pas les mots, elle s'embrouille.

Pour le moment, elle récupère des antibiotiques et moi, j'attends le solde des comptes de la curatrice de Christiane, pour savoir ce que je fais sur ce terrain (champ = arbres et/ou légumes ?) et combien d'argent elle me doit. À un mois près de temps sur l'année, je ne sais ce que sa curatrice me doit. Il y a treize mois, c'était quand même mille sept cent dix euros que j'avais avancés.

Tout ce que je sais, c'est que la CAF m'a fait perdre trois fois cent sept euros du fait que ce n'est pas moi qui lui déclare mes ressources et que j'ai plutôt intérêt à économiser.

Je ne compte pas sur la maison de maman, ma sœur, c'est gentil, sinon pour le côté rassurant d'avoir des économies en cas de coup dur – pour bien faire, je ne devrais pas diffuser ce bouquin, mais comme il est maintenant écrit, je me sens des devoirs civiques.

Bisous, t'inquiète pas, comme toujours, c'est une question d'endurance.

Demain, tant pis pour les courses.

Tu ne sais pas la dernière ? Plus de déclaration papier pour la pension d'invalidité, numérique !… ET SUR ORDI, pas sur téléphone !! MACRON, je ne vais non seulement PAS voter POUR lui, je vais le bouffer, sauce moutarde !!

J'imagine que les Français, cette année, vont voter contre (le) Macron Pour Le PEN, elle est moins fausse et je crois plus sympa : de notre position actuelle, JE LES COMPRENDS !! De toute façon, les journalistes gèrent cela à leur sauce… (!!!)

À part ça, ça défiscalise à tout va, le nombre de milliardaires et leurs richesses EN FRANCE ces deux dernières années croît en flèche… pour la plupart, leur fortune a doublé en un an (mise dans des yachts et véhicules GRAS LUXE !)

MERCI À CEUX QUI ONT VOTÉ POUR UN BANQUIER ! … ET à ceux qui les ont encouragés. »

À tout hasard, avant de voter Zemmour, lisez le programme de madame Le Pen (et votez Hollande… 😌, elle m'a l'air plus près du peuple qu'extrême droite, le mot « populiste » ne peut venir que d'un « fumiste ? » ou de « journalistes qui le répètent » (Cf. : Coluche))

****

C'est intéressant de voir comment, quand une minorité d'humains feraient le pire, d'autres humains arrivent à la rescousse. Alors on aime l'être humain qui souvent nous a déçu.

Damien

https://grandvent.wordpress.com/2019/03/02/argent-liquide/

III - Parallèle Koweït - Ukraine, pour que l'hégémonie cesse

Je ne peux m'empêcher de faire un parallèle entre Koweït et Ukraine, dont les protagonistes bien cachés, bien éloignés sont les financiers du pétrodollar américain. Le souci étant que l'Occident va être divisé tellement il est aveuglé. Des vies d'innocents portant des armes (ou pas) vont disparaître pour avoir cru en de faux héros (comme toujours). Tout cela pour une poignée de dollars… heureux, tout fiers (!) de noyer onze milliards (légitimes) dans la mer, avec le Nord Stream 2. L'Europe, particulièrement l'Allemagne, va se trouver affaiblie. La Russie aussi.

CONCLUSION : La France, un pays pauvre

En France, le nombre de personnes très riches est d'ailleurs passé de 635 000 à 702 000 EN UN AN, ce qui place l'Hexagone à la cinquième place du palmarès mondial. Les États-Unis occupent la tête du classement devant le Japon, qui devance l'Allemagne et la Chine. À eux seuls, ces quatre pays accueillent 62 % des millionnaires du monde.

Un monde de plus en plus pourri avec des apparences de plus en plus propres :

« La dette publique devrait ainsi s'accroître de 560 milliards d'euros entre la fin 2019 et la fin 2022, pesant ainsi environ 113 % du PIB, la facture du Covid-19 s'élevant à elle seule à 140 milliards d'euros à ce jour, selon le ministère des Finances… »

Ce n'est pas tant sur le dos des pauvres que sont construits les yachts, C'EST SUR LA DETTE et l'inflation ! MAIS TOUT CECI NOUS APPAUVRIT.

« … Faut-il pleurer doucement, comme un enfant ou garder nos larmes jusqu'à exploser contre les siens ? Mes larmes, je les retiens. »

Damien

ANNEXE

La CAF me vole 107,66 euros par mois pendant plus de neuf ans. Faites le total, ça fait 12 000 euros pour que l'État fasse SES « guerres » ! Je vis avec 902 euros par mois... dont seulement 106,01 de la CAF. Vous parlez d'une fin de carrière !

Il y a dix ans, il m'en a volé 4200 et j'ai mis la clé sous la porte (Cf. *Le Recueil de Pierrot*).

Je fumais pour 300 euros par mois de cigarettes légères (4 à 5 cartouches). Aujourd'hui, je vapote pour 40 euros par mois.

« Dites-moi ce dont vous avez besoin, on vous dira comment vous en passer... »

Excusez-moi si je ne me sens ni Français, ni Européen, ni Ukrainien, ni Russe et encore moins Américain ! Point : j'ai plus besoin de mon e-liquide que d'une nationalité.

Si je décoche les mots comme des balles, souvent, je me dis que je devrais décocher les balles comme les mots. Au moins, les mots, c'est dans les réseaux sociaux, ce n'est pas dans le dos.... LES BALLES... C'EST DANS LES TROUS... « du cul ».

Table des matières

Epilogue

« … Ne vous souciez pas il n'y a pas d'humiliation avec vous tout est nature et c'est bien.

Cela peut-être au contraire le centre d'un livre et il peut alors être bon d'en parler.

Ainsi je vous fais la confidence que la nature des gens a un peu changée avec le COVID, ou plutôt, après le traitement qui en a été fait.

Le livret "Ce qu'elle veut voir" pour ne pas chercher loin est le début de tendance à humilier, installée peut-être dans un confort chez ma soeur qui ne lui suffit plus.

Je pense que si le mot néonazisme revient souvent dans les conversations, c'est contre une tendance spontanée qui peut s'installer à humilier, à un bien moindre degré que le nazisme, non conscient, une forme de réaction à tout ce qui nous gave, pour moi partant du capitalisme caché, l'argent roi, que nous offre le Candidat Macron.

Je le vois chez ma soeur qui se prétend humaniste et humilie sa propre mère et son frère, sans elle le percevoir. Comme dans le nazisme, c'est une tendance sado maso qui peut aller loin, même chez les sensibles, peut-être au contraire, justement et il faut en être avertis. Je n'incrimine pas Clarice, on s'aime, mais je vois, pour prendre les exemples les plus proches, que parfois on se fait très mal.

C'est un échange amical et authentique, avec quelqu'un que j'apprécie, la personne que vous restez.

Amitiés

Damien »

Du même Auteur

Aux Éditions du Net :

Linou, Lila et nous, novembre 2017

Les Petits Petons et les temps suspendus, février 2018

Ma plume à Pierrot/ My pen for Pierrot, février 2018

Où (en) suis-je ? Les Editions du net, août 2019

Les petits saints, Les Editions du net, janvier 2020

Aux Éditions Muse :

Le Post de Soissons, mai 2019

Nouvelles de caractères, juin 2019

Books on Demand :

À la Zone le GAFFEUR, septembre 2020

DEUX LETTRES : Je t'aime ET dans la dignité, septembre 2020

Les Pensées suspendues de Dadu, octobre 2020

Ex-time et In-time : l'humain debout, octobre 2020

Ce Qu'elle PEUT Voir Tomes 1-2-3, décembre 2020

Un déménagement presque normal, septembre 2021

Dans ma culture…, octobre 2021
La vieille mentalité française, novembre 2021

Editions Jets d'encre :
Le Recueil de Pierrot, Juillet 2021

© 2022 SIOBUD, Damien
Édition : BoD – Books on Demand, 12/14 rond-point des Champs-
Élysées, 75008 Paris
Impression : BoD - Books on Demand, Norderstedt, Allemagne
ISBN : 9782322200559
Dépôt légal : Mars 2022